Dr. Christine Jaitner

Heilpflanzen

AF286809

KOMPASS

Die Autorin **Dr. Christine Jaitner**, geboren 1952, studierte in Innsbruck Zoologie und Systematische Botanik. Sie promovierte auf dem Gebiet der Protozoologie.

Impressum
Ausstattung:
71 Abbildungen
2 Farbtafeln

Texte: Dr. Christine Jaitner, Patsch
Farbtafeln: Heinz Schwanninger, Absam
Gesamtleitung und Redaktion: Reinhard Strohmeier, KOMPASS-Karten GmbH

Bildnachweis/Farbfotos:
Titelbild: Herbstzeitlose (A. Limbrunner)
Baier: S. 14, 57 • Bildagentur Dr. Wagner: S. 24, 27, 37, 38 • Bildarchiv Fiebrandt: S. 39, 52, 59 • Deflorian: S. 69 • Geissler: S. 19, 31, 53 • Hage: S. 15 • Hortig: S. 32 • Limbrunner A.: S. 8, 10, 12, 13, 16, 18, 20, 21, 23, 25, 26 28-30, 33-36, 40-49, 50, 51, 55, 56, 58, 62-68, 71-76 • Limbrunner H.: S. 11, 17, 22, 54, 60, 70 • Schmidt: S. 9, 61, 77.

© **2019 KOMPASS-Karten GmbH**
Karl-Kapferer-Straße 5, A-6020 Innsbruck (19.11)
www.kompass.de/service/kontakt
Verlagsnummer 1105
ISBN 978-3-85491-577-5

Lieber Naturfreund!

In diesem KOMPASS-Naturführer „Heilpflanzen" sind 70 der häufigsten Heilpflanzen angeführt. Sie sind nach Farben der Blüten sortiert. Innerhalb der Farbabschnitte erfolgt die Unterscheidung nach der Systematik. Sie finden ferner die Merkmale der Pflanzen, Hinweise auf den Standort, die Blütezeit, die Inhaltstoffe und bei welchen Symptomen die Drogen anzuwenden sind.

Es wird ausdrücklich darauf hingewiesen, dass einige der Pflanzen vom Laien nicht ohne ärztliche Verordnung gesammelt oder angewendet werden dürfen, sei es, weil sie giftig sind oder aus einem anderen Grund. Deshalb sind auch keine Rezepturen angegeben, da auch pflanzliche Medikamente nicht ohne Absprache mit dem Arzt genommen werden sollten.

Sie finden in dem Band weiters einen Sammelkalender, in dem eingetragen ist, was wann gesammelt werden darf. Das Trocknen muss schonend erfolgen, das heißt im Schatten, auf einem Tuch, das ganze Kraut gebündelt im Schatten, die gut gereinigten Wurzeln klein geschnitten bei niedrigsten Temperaturen im Backofen, da sonst wertvolle Inhaltstoffe verloren gehen. Das Trockenpräparat muss luftdicht und dunkel aufbewahrt werden, weil z. B. die Blüten der Taubnessel leicht schimmeln können.

Unter „Gesehen am" und „Ort" haben Sie die Möglichkeit, Ihre Funde sofort einzutragen.

Viel Freude beim Sammeln der Heilpflanzen!

Folgende Pflanzen dürfen vom Laien keinesfalls gesammelt werden, da sie giftig (†) oder geschützt (⚠) sind:

Arnika (Arnica montana) † ⚠ **gefährdet!**

Bilsenkraut (Hyoscyamus niger) †

Bittersüßer Nachtschatten (Solanum dulcamara) †

Blauer Eisenhut (Aconitum napellus) †

Dunkle Akelei (Aquilegia vulgaris) † ⚠

Echte Bärentraube (Arctostaphylos uva-ursi) ⚠ **stark gefährdet!**

Einbeere (Paris quadrifolia) †

Fieberklee (Menyanthes trifoliata) ⚠ **gefährdet!**

Herbstzeitlose (Colchicum autumnale) †

Maiglöckchen (Convallaria majalis) †

Punktierter Enzian (Gentiana punctata) ⚠ **gefährdet!**

Rainfarn (Tanacetum vulgare) †

Roter Fingerhut (Digitalis purpurea) †

Schöllkraut (Chelidonium majus) †

Tollkirsche (Atropa belladonna) †

Wiesenschlüsselblume (Primula veris) ⚠

Wundklee (Anthyllis vulneraria) ⚠ **selten!**

Heilpflanzen-Sammelkalender

Name	gesammelt wird	wann
Augentrost (Euphrasia rostkoviana)	blühendes Kraut gebündelt trocknen, trocken aufbewahren	VII-IX
Baldrian (Valeriana officinalis)	Wurzel	IX-X
Beinwell (Symphytum officinale)	Wurzel	VI-VII, IX-X
Birke (Betula pendula)	Blätter	V-VI
Bittere Kreuzblume (Polygala amarella)	ganze Pflanze	V-VII
Blutweiderich (Lythrum salicaria)	Wurzel junge Triebe, Blätter	V-X VI-X
Brennnessel (Urtica dioica)	Blätter	VI-VII

Brombeere	Blätter	III-V
(Rubus fruticosus)	Früchte	IX-X
Dorniger Hauhechel	Wurzel	V-X
(Ononis spinosa)	Blätter	V-X
	Blüten	VI-VII
Eiche	sollte nicht gesammelt	
(Quercus robur)	werden!	
Erdrauch	blühendes Kraut	V-IX
(Fumaria officinalis)		
Gänseblümchen	Blätter	I-XII
(Bellis perennis)	Blüten	I-XII
Gemeine Ochsenzunge	Blätter	VI-VIII
(Anchusa officinalis)	Blüten	V-IX
Gemeines Leinkraut	blühende Pflanze	VI-IX
(Linaria vulgaris)		
Gundermann	Blätter	vor der Blüte
(Glechoma hederacea)	ganze Pflanze	IV-VI
Großblütige Königskerze	Blätter	VI-VIII
(Verbascum densiflorum)	Blüten	VI-VIII
Großer Wiesenknopf	Wurzel vor der Blüte	V-VI
(Sanguisorba officinalis)	blühende Pflanze	VI-VIII
Heckenrose	Blüten	V-VI
(Rosa canina)	Früchte	IX-X
Himbeere	Blätter	IV-V
(Rubus idaeus)	Früchte	VII-VIII
Hopfen	Blütenstände	VII-IX
(Humulus lupulus)		
Huflattich	Blätter	V
(Tussilago farfara)	Blüten	III-VIII
Isländisch Moos	ganze Pflanze	I-XII
(Cetraria islandica)		
Johanniskraut	blühendes, nicht	
(Hypericum perforatum)	holziges Kraut	V-VIII
	Blätter	vor der Blüte
Kalmus	Wurzel	VI-VII
(Acorus calamus)		
Kamille	Blütenköpfe	V-IX
(Matricaria chamomilla)		
Klette	Wurzel	IX-X
(Arctium lappa)	Blätter	V-VI
	Samen	VII-IX
Knoblauchrauke	ganze Pflanze	VI-VIII
(Alliaria petiolata)		
Linde	Blüten 1-3 Tage nach	
(Tilia cordata)	dem Aufblühen	VI-VII
Löwenzahn	Blätter, junge	III-IV
(Taraxacum officinalis)	Wurzel	IX-X
Lungenkraut	ganze Pflanze,	
(Pulmonaria officinalis)	Wurzel	IV-VIII

Malve	Wurzel	IX-X
(Malva sylvestris)	Blätter vor der Blüte	V-VI
	voll erblühte Blüten	VII-X
Minze	Blätter	VI-VIII
(Mentha piperita)	blühende Sprosse	VII-IX
Mistel	Blätter	III-IV
(Viscum album)		
Preiselbeere	Blätter	VI-VIII
(Vaccinium vitis-idaea)	Früchte	IX-X
Rosmarin	nicht holzige Triebe	III-VII
(Rosmarinus officinalis)		
Salbei	Blätter	vor der Blüte
(Salvia officinalis)	Blüten	V-VIII
Schafgarbe	Blätter	V-VI
(Achillea millefolium)	Blüten	VI-VII
Scharbockskraut	Blätter vor der Blüte	III-IV
(Ranunculus ficaria)	Brutknöllchen	VI-IX
Schlehe	Blüten	III-IV
(Prunus spinosa)	Früchte nach dem	
	1. Frost	X-XI
Schwarzer Holunder	Blüten	VI-VII
(Sambucus nigra)	Früchte	VIII-IX
Seifenkraut	Wurzel nach der Blüte	IX-X
(Saponaria officinalis)	Blätter	VII-VIII
Spitzwegerich	Blätter	IV-VI
(Plantago lanceolata)	Früchte	VII-IX
Thymian	Kraut vor der Blüte	IV-VI
(Thymus vulgaris)		
Wacholder	Früchte	VIII-IX
(Juniperus communis)		
Walderdbeere	Blätter, luftig, schattig	
(Fragaria vesca)	trocknen	IV-V
	Früchte	VI-VII
Wald-Schachtelhalm	ganze Pflanze	IV-VII
(Equisetum arvense)		
Wasserdost	Blätter	vor der Blüte
(Eupatorium cannabinum)	Wurzel	III-IV, IX-X
Wegwarte	Wurzel	IX-X
(Cichorium intybus)	Blätter	VI-IX
Weißdorn	Blätter	V-VI
(Crataegus monogyna)	Blüten	V-VI
Weiße Taubnessel	Blüten	III-X
(Lamium album)		
Wiesenbärenklau	Wurzel	IX-X
(Heracleum sphondylium)	Blätter	V-VII
	Früchte	IX-X
Wiesenknöterich	Wurzel	IX-X
(Polygonum bistorta)		
Wohlriechendes Veilchen	Wurzel	III-IV
(Viola odorata)	Blätter	IV-V
	Blüten	III-V

Begriffserklärung:

† - giftig
⚠ - geschützt
R1 - vom Aussterben bedroht
R2 - stark gefährdet
R3 - gefährdet
R4 - potentiell gefährdet

♂ männlich
♀ weiblich

einhäusig – männliche und weibliche Blüten auf einer Pflanze
zweihäusig – männliche und weibliche Blüten auf verschiedenen Pflanzen

adstringierend – zusammenziehend
sedativ – beruhigend
antiseptisch – keimtötend

Aufguss – Die Pflanzenteile werden mit kochendem Wasser übergossen und müssen dann nach Vorschrift ziehen.
Absud – Die Pflanzenteile werden nach Vorschrift gekocht.
Auszug – Die Pflanzenteile werden nach Vorschrift mit kaltem Wasser übergossen und müssen dann ziehen.
Tinktur – Die Pflanzenteile werden mit Alkohol (1:5) angesetzt. Diese müssen dann nach Vorschrift bei Zimmertemperatur einige Tage ziehen. Nach Filtrieren verwenden.
Elixier – Pflanzenauszug, der mit Zucker oder Alkohol zieht.

Blütenfarben:

Weißdorn

Crataegus monogyna   Rosengewächs

Merkmale: sommergrüner Baum oder Strauch, weiße Blüten zu endständiger Dolde, Blätter mit kurzem Stiel, rautenförmig, tiefspaltig, die Lappenspitzen gesägt, Frucht oval, rot, mit Stein, Höhe 2-10 m. **Blütezeit:** V-VI. **Fruchtreife:** VIII-X. **Standort:** Waldränder, Gebüsch, Hecken. **Inhaltstoffe:** Flavonoide, Purinderivate, Gerbstoff. **Anwendung:** Stärkungsmittel, Durchfall, Herztherapie, hoher Blutdruck.

Gesehen am: **Ort:**

Himbeere

Rubus idaeus   Rosengewächs

Merkmale: sommergrüner Strauch, Äste bestachelt, weiße
Kronblätter, Blüten in lockerer Traube, Blätter gefiedert, am
Rand doppelt gesägt, Höhe 150-200 cm. **Blütezeit:** V-VI.
Fruchtreife: VII-VIII. **Inhaltstoffe:** Gerbstoffe, Vitamin C,
Flavone, organische Säuren. **Anwendung:** harntreibend,
gallentreibend, Früchte zu Saft und Marmelade. **Zubereitung:** Tee.

Gesehen am: **Ort:**

Walderdbeere

Fragaria vesca   Rosengewächs

Merkmale: ausdauernd, mit langen Ausläufern, weiß, 5 Kronblätter, Blütenboden zu fleischiger Scheinfrucht mit Nüsschen, Blätter 3teilig, grob gezähnt, handförmig, unterseits behaart, Höhe 15-20cm. **Blütezeit:** V-VI. **Standort:** lichte Wälder, Böschungen. **Inhaltstoffe:** ätherische Öle, Gerbstoff, Flavone; Früchte, Vitamin C, Mineralien. **Anwendung:** Magen-Darm-Beschwerden, Früchte Schwächezustände, Hausteemischung. **Zubereitung:** Tee, Marmelade.

Gesehen am: **Ort:**

Schlehe

Prunus spinosa   Rosengewächs

Merkmale: sommergrüner, dorniger Strauch, weiße Blüten, kleine, kugelige, blaue Früchte, Blätter wechselständig, verkehrt eiförmig, gesägt, Höhe bis 4 m. **Blütezeit:** III-IV. **Fruchtreife:** IX-X. **Standort:** Waldränder, Wegränder, Hecken. **Inhaltstoffe:** Blüten - Cumarine, Flavone, Blausäureglykoside; Frucht - Vitamin C, Gerbstoffe, organische Säuren. **Anwendung:** Abführmittel, wassertreibend, blutreinigend, Rinde zum Rotfärben der Wolle.

Gesehen am: **Ort:**

Seifenkraut

Saponaria officinalis   Nelkengewächs

Merkmale: mehrjährig, weiß bis blassrosa, 5 nach hinten gebogene Kronblätter, Blüten in lockerer Rispe, gegenständige Blätter, schmal, Stängel aufrecht, kahl, Höhe 40-70 cm. **Blütezeit:** VI-IX. **Standort:** Hecken, Wegränder, Schutt. **Inhaltstoffe:** Saponine, Schleimstoffe, Harz. **Anwendung:** harntreibend, schweißtreibend, gallentreibend, blutreinigend. **Zubereitung:** Absud.

Gesehen am: **Ort:**

12

Wiesen-Bärenklau

Heracleum sphondylium   Doldengewächs

Merkmale: ausdauernd, weiße Blüten in zusammenge-
setzter Dolde, 5 Blütenblätter oft rosa, Randblüten vergrö-
ßert, zahlreiche Hüllblättchen, Stängel gefurcht, borstig
behaart, Blätter gelappt bis gefiedert, Höhe 30-200 cm.
Blütezeit: VI-X. **Standort:** Mähwiesen, stickstoffanzeigend.
Inhaltsstoffe: Furocumarine, ätherisches Öl. **Anwendung:**
blutdrucksenkend, anregend, verdauungsfördernd. **Zube-
reitung:** Aufguss, Absud, Wein.

Gesehen am: **Ort:**

Knoblauchrauke

Alliaria petiolata   Kreuzblütler

Merkmale: ausdauernde Pflanze, zwittrig, weiße Blüte 4zählig, Kelchblätter halb so lang wie die Krone, Blüten in Traube, Blätter herzförmig, gestielt, stumpf gesägt, bei Zerreiben nach Knoblauch riechend, Höhe 70-90 cm. **Blütezeit:** V-VII. **Standort:** feuchte Laubwälder, Gebüsch. **Inhaltstoffe:** Bitterstoff, ätherisches Öl, Glykosid, Enzyme. **Anwendung:** wundheilend, Auswurf fördernd, harntreibend. **Zubereitung:** Saft, Lotion, Aufguss, Breiumschlag.

Gesehen am: **Ort:**

14

Echte Bärentraube

Arctostaphylos uva-ursi   Heidekrautgewächs; ⚠ R2

Merkmale: ausdauernder, immergrüner Strauch, weiße, glockige Blüten, in Trauben, Blätter ledrig, verkehrt eiförmig, ganzrandig, Unterseite netzadrig, Höhe 30-40 cm. **Blütezeit:** VI-VIII. **Fruchtreife:** IX-X. **Standort:** Kiefernwälder, Moore, Heiden. **Inhaltstoffe:** Gerbstoffe, Flavonglykoside, Arbutin. **Anwendung:** Blasen- und Nierenleiden. Sollte nicht selber gesammelt werden. Anwendung genau beachten!!

Gesehen am: **Ort:**

Preiselbeere

Vaccinium vitis-idaea   Heidekrautgewächs

Merkmale: dichtverzweigter Zwergstrauch, immergrün, weiß bis rosa, glockige Blüten in hängenden Trauben, Blätter klein, ledrig, ganzrandig, rote Beeren, Höhe 10-30 cm. **Blütezeit:** VI-VII. **Fruchtreife:** IX-X. **Standort:** trockene Nadelwälder, Zwergstrauchheiden. **Inhaltstoffe:** Gerbstoffe, Arbutin, Zucker, organische Säuren. **Anwendung:** Harn- und Galleerkrankungen. **Zubereitung:** Absud, Marmelade.

Gesehen am: **Ort:**

Fieberklee

Menyanthes trifoliata　　　　　　Enziangewächs; ⚠ R3

Merkmale: ausdauernd, Blüte weiß-blassrosa, 5-20 Blüten zu lockerer Traube, 5zipflig, ähnlich Klee, Blätter groß, dicklich, grundständig, Höhe 15-30 cm. **Blütezeit:** V-VI. **Standort:** saure, nasse Wiesen, Flachmoore, bis 2300 m. **Inhaltstoffe:** Bitterstoffe, Gerbstoffe, Flavonoide. **Anwendung:** Blutreinigung, Magenleiden. **Besonderheit: gefährdet! geschützt! darf nicht gesammelt werden!**

Gesehen am:　　　　　　　　**Ort:**

Schwarzer Holunder

Sambucus nigra   Geißblattgewächs

Merkmale: ausdauernder Strauch oder Baum, weiß blühend, Blüten mit 5 Kronblättern zu Trugdolde, Blätter gegenständig, unpaarig gefiedert, gesägt, gestielt, Triebe anfangs mit weißem Mark, Höhe 5-10 m. **Blütezeit:** VI-VII. **Fruchtreife:** VIII-IX. **Inhaltstoffe:** Gerbstoffe, Flavonoide, Glykoside, ätherisches Öl, Vitamine, Mineralstoffe. **Anwendung:** schweißtreibend, in größeren Mengen ist die Pflanze giftig. **Zubereitung:** Aufguss, Tee, Saft.

Gesehen am: **Ort:**

Weiße Taubnessel

Lamium album   Lippenblütler

Merkmale: mehrjährig, weiße Blüten in Quirlen in den Blatt-achseln, von unten nach oben aufblühend, Kelch verwach-sen, mit ungleichen Zähnen, Blüte mit großer, gewölbter Oberlippe, Unterlippe nach unten gebogen, Stängel 4kantig, Blätter herzförmig, grob gesägt, Höhe 30-50 cm. **Blütezeit:** IV-VIII. **Standort:** Gebüsch, Wegränder. **Inhaltstoffe:** Sapo-nine, Gerbstoffe, ätherisches Öl, Flavonglykosid. **Anwen-dung:** Periodenstörung, Ausfluss. **Zubereitung:** Aufguss.

Gesehen am: **Ort:**

19

Augentrost

Euphrasia rostkoviana Braunwurzgewächs

Merkmale: Halbschmarotzer, weiße Blüte in Oberlippe und Unterlippe gegliedert, Oberlippe violett angehaucht, Unterlippe violett gestreift mit gelben Punkten, eiförmige Blätter, ganze Pflanze drüsig behaart, Höhe 5-25 cm. **Blütezeit:** VI-X. **Standort:** Magerwiesen, Trockenrasen. **Inhaltstoffe:** Bitterstoffe, ätherische Öle, Gerbstoffe, Glykoside. **Anwendung:** Augenleiden, Augenentzündungen. **Zubereitung:** Absud.

Gesehen am: **Ort:**

Gänseblümchen

Bellis perennis   Korbblütler

Merkmale: ausdauernde Rosettenpflanze, Blüten zu einzelnen Köpfchen, weißliche Zungenblüten, gelbe Röhrenblüten, Stängel behaart, grundständige Blätter, verkehrt eiförmig, gekerbt, Höhe 3-10 cm. **Blütezeit:** II-XI. **Standort:** Wiesen, Weiden, Wegränder. **Inhaltstoffe:** Bitterstoffe, Gerbstoffe, Saponine, etwas ätherisches Öl. **Anwendung:** hervorragendes Wundkraut, stoffwechselanregendes, harntreibendes Kraut. **Zubereitung:** Aufguss, Absud.

Gesehen am: **Ort:**

Kamille

Matricaria chamomilla Korbblütler

Merkmale: einjährig, Zungenblüten weiß, Röhrenblüten gelb, zu hohlem Blütenköpfchen, aromatisch, Blätter wechselständig, 2-3fach fiedrig, Stängel verzweigt, Höhe bis 50 cm. **Blütezeit:** V-VI. **Standort:** Acker, Wegränder, Raine. **Inhaltstoffe:** ätherisches Öl, Chamzulen, Bisabolol, Flavonoide, Cumarine. **Anwendung:** entzündungshemmend, krampflösend, wundheilungsfördernd, Kosmetik.

Gesehen am: **Ort:**

Schafgarbe

Achillea millefolium   Korbblütler

Merkmale: ausdauernd, weiße Zungen- und Röhrenblüten zu endständigen Trugdolden, Blätter wechselständig, doppelt gefiedert, dunkelgrün, ganze Pflanze stark aromatisch, Höhe 15-50 cm. **Blütezeit:** VI-X. **Standort:** Wiesen, Bergwiesen, Raine, Wegränder. **Inhaltstoffe:** Bitterstoffe, Gerbstoffe, ätherisches Öl, Mineralstoffe. **Anwendung:** blutstillend, stoffwechselanregend, schmerzstillend, adstringierend, Menstruation regulierend, wundheilend. **Zubereitung:** Aufguss, Absud.

Gesehen am: **Ort:**

Maiglöckchen

Convallaria majalis   Liliengewächs; ⚠ †

Merkmale: ausdauernd, weiße Glöckchen zu einseitswendiger, lockerer Traube, 6 Blütenzipfel aufwärts gebogen, gelber Griffel, 2 grundständige Blätter, parallelnervig, leicht glänzend, rote Beeren, Höhe 8-25 cm. **Blütezeit:** V-VI. **Standort:** Buchenwälder, Gebüsch, Auen. **Inhaltstoffe:** Herzglykoside, Saponine. **Anwendung:** wirkt auf das Herz, brechreizerzeugend. Darf nicht gesammelt werden, da die Pflanze **tödlich giftig** ist, ebenso die Beeren!

Gesehen am: **Ort:**

Scharbockskraut

Ranunculus ficaria   Hahnenfußgewächs; ⚠ †

Merkmale: ausdauernd, 8-12 glänzende, gelbe Honig-
blätter, 3-7 Kelchblätter, Stängel niederliegend, hohl, Blätter
herzförmig, gekerbt, in den Blattachseln oft Brutknöllchen,
Höhe 5-20 cm. **Blütezeit:** III-V. **Standort:** Auen, feuchte
Parks. **Inhaltstoffe:** Protoanemonin, Anemonin, Saponine,
Vitamin C. **Anwendung:** vitamindeckend, Kapernersatz,
blutreinigend, schmerzstillend, Blätter nur vor der Blüte un-
giftig!

Gesehen am: **Ort:**

Schöllkraut

Chelidonium majus   Mohngewächs; †

Merkmale: ausdauernd, gelb, 2 Kelchblätter, 4 Kronblätter, viele Staubblätter, Blätter wechselständig, gefiedert, Fiedern lappig gekerbt, unterseits graugrün, ganze Pflanze rauh behaart und mit gelbem Milchsaft, längliche Schoten, Höhe 30-70 cm. **Blütezeit:** V-IX. **Standort:** Schutt, Ödland, Hecken. **Inhaltstoffe:** einige Alkaloide, Saponine, ätherisches Öl. **Anwendung:** Galle-Leber-Erkrankungen, warzenvertreibend (?). Wegen der Giftigkeit der Pflanze, darf sie nicht gesammelt werden, von ihrer inneren Anwendung ist abzusehen!

Gesehen am: **Ort:**

Wundklee

Anthyllis vulneraria   Schmetterlingsblütler; **R**3

Merkmale: ausdauernd, Blüten gelb bis rötlich, in Köpfchen, Einzelblüte kurzgestielt, 3-7spaltige Tragblätter, Stängel liegend, Blätter unpaarig gefiedert, Endblättchen deutlich größer, Höhe 10-30 cm. **Blütezeit:** V-IX. **Standort:** Magerwiesen, Feldwege. **Inhaltsstoffe:** Saponine, Gerb- und Farbstoffe. **Anwendung:** Wundheilung. **Besonderheit:** sollte nicht gesammelt werden!

Gesehen am: **Ort:**

Johanniskraut

Hypericum perforatum   Johanniskrautgewächs

Merkmale: ausdauernd, 5 leuchtendgelbe Kronblätter mit dunklen Punkten, zahlreiche Staubblätter, 5 Kelchblätter, Blätter gegenständig mit vielen durchscheinenden Punkten, elliptisch, Blüten zu Dolde, Stängel oben verzweigt, Höhe ca. 1 m. **Blütezeit:** VI-IX. **Standort:** Trockenrasen, lichte Wälder, Wiesen. **Inhaltstoffe:** Hypericin, ätherisches Öl, Gerbstoffe, Flavonoide. **Anwendung:** Wechselbeschwerden, nervenstärkend, nervenberuhigend, Neuralgien, Muskelschmerz; die Haut wird lichtempfindlicher bei längerer Einnahme! **Zubereitung:** Tinktur, Aufguss, Absud.

Gesehen am: **Ort:**

Wiesenschlüsselblume

Primula veris (off.) Primelgewächs; ⚠

Merkmale: ausdauernde Rosettenpflanze, gelbe Blüten in langstieliger, einseitswendiger Dolde, 5zählig, am Grund zu Röhre, Kronzipfel ausgebreitet, 5zähniger Kelch verwachsen, behaart, Blätter dunkelgrün, runzelig, behaart, Höhe 15-30 cm. **Blütezeit:** IV-V. **Standort:** trockene Wiesen, Gebüsch. **Inhaltstoffe:** Saponine, Flavonoide, Gerbstoffe. **Anwendung:** Hustenmittel. **Besonderheit: geschützt!**

Gesehen am: **Ort:**

Linde

Tilia cordata   Lindengewächs

Merkmale: sommergrüner Baum, mit schwärzlichgrauer Borke, gelblichweiße Blütenblätter, lange Staubblätter, Stiel des Blütenstandes mit verwachsenem Hochblatt, Blätter schief herzförmig, gesägt, Oberseite grün, Unterseite gräulicher, Höhe bis 30 m. **Blütezeit:** VI-VII. **Fruchtreife:** VIII-IX. **Standort:** Laubwälder, Alleen. **Inhaltstoffe:** Schleimstoffe, ätherisches Öl, Gerbstoff, Flavonoide. **Anwendung:** Husten, Erkältung, schweißtreibend. **Zubereitung:** Tee, Badezusatz.

Gesehen am: **Ort:**

Punktierter Enzian

Gentiana punctata   Enziangewächs; ⚠ R3

Merkmale: ausdauernde, aufrechte Pflanze, zwittrig, Blüte glockenförmig, hellgelb mit violetten Punkten, in Blüten-quirlen, Kelch glockig, mit fünf verschieden langen Zipfeln, Blätter oval-länglich, Höhe 20-60 cm. **Blütezeit:** VII-VIII. **Standort:** steinige Lehmböden, alpine Zwergstrauchheiden, stickstoffmeidend, 1500-2500 m. **Inhaltstoffe:** Bitterstoffe, etwas Gerbstoff. **Anwendung:** Magen, Appetitlosigkeit, Blä-hungen, mangelnde Gallensekretion. **Besonderheit: ge-schützt!**

Gesehen am: **Ort:**

Bilsenkraut

Hyoscyamus niger Nachtschattengewächs; †

Merkmale: ein- oder zweijährig, schmutziggelb mit violetten Netzadern, Schlund violett, Stängel und Blätter weichhaarig und klebrig, Blätter länglich, gebuchtet, Blüten achselsitzend, Höhe bis 80 cm. **Blütezeit:** VI-X. **Standort:** Wegränder, Schutt, Zäune. **Inhaltstoffe:** giftige Alkaloide, z. T. Hyoscyamin, Scopolamin. **Anwendung:** schmerzlindernd oder je nach Dosierung krampferzeugend. **Besonderheit:** Wegen der starken Giftigkeit darf die Pflanze nicht geerntet werden. Kleinste Mengen rufen Vergiftungserscheinungen hervor!

Gesehen am: **Ort:**

Gemeines Leinkraut

Linaria vulgaris   Braunwurzgewächs

Merkmale: mehrjährig, gelbe, kurzgestielte Blüten in Traube, deutlicher Sporn, 2lippig, Oberlippe mit orangem Gaumen, verwachsener Kelch, wechselständige Blätter, lanzettlich, blaugrün, Höhe 30-50 cm. **Blütezeit:** VI-IX. **Standort:** Böschungen, Straßenränder, Brachland. **Inhaltstoffe:** Flavonglykosid. **Anwendung:** wundheilend, Venenentzündung. **Zubereitung:** Breiumschlag, Salbe, Tee.

Gesehen am: **Ort:**

Großblütige Königskerze

Verbascum densiflorum   Braunwurzgewächs

Merkmale: zweijährige Pflanze, gelbe Blüten in dichter, drüsig behaarter Traube, wohlriechend, Blätter beiderseits gelbfilzig, herablaufend, Höhe 80-120 cm. **Blütezeit:** VII-IX. **Standort:** Wegraine, Bahndämme, Magerwiesen. **Inhaltstoffe:** ätherisches Öl, Bitterstoffe, Farbstoffe, Schleimstoffe, Saponine, Hesperidin. **Anwendung:** blutreinigend, schleimlösend, sedativ, harntreibend. **Zubereitung:** Aufguss, Tee, Breiumschlag. Dosierung genau beachten, Aufgüsse zur inneren Anwendung unbedingt filtern!

Gesehen am: **Ort:**

Rainfarn

Tanacetum vulgare   Korbblütler; †

Merkmale: ausdauernd, Blütenköpfchen aus gelben Röhrenblüten, zu Doldenrispen, Blätter wechselständig, doppelt gefiedert, am Rand gesägt, aufrechter Stängel, Höhe 80-100 cm. **Blütezeit:** VI-IX. **Standort:** trockene Wegränder, Schutt. **Inhaltstoffe:** Gerbstoff, Inulin, Bitterstoff, Harz, ätherisches Öl mit dem Gift Thujon. **Anwendung:** wurmtreibend, verdauungsfördernd. Darf wegen der Giftigkeit nicht gesammelt werden!

Gesehen am: **Ort:**

Huflattich

Tussilago farfara   Korbblütler

Merkmale: ausdauernd, gelbe Blüten zu Köpfchen, fein-strahlige Zungenblüten, gelbe Röhrenblüten, zur Blütezeit keine Blätter, Stängel mit Blattschuppen, weiß-filzig behaart, Blätter grundständig, haarig, herzförmig, Rand gezähnt, Höhe 10-30 cm. **Blütezeit:** III-IV. **Standort:** Wegränder, feuchte Wiesen, Schutt. **Inhaltstoffe:** Bitterstoffe, Schleimstoffe, Gerbstoffe. **Anwendung:** Hustenmittel, Kräuterkosmetik, fette Haut. **Zubereitung:** Aufguss, Absud.

Gesehen am: **Ort:**

Arnika

Arnica montana   Korbblütler; † ⚠ R3

Merkmale: ausdauernde, aufrechte Pflanze, Blüte in Körb-chenform mit gelben Zungenblüten und gelben Röhrenblüten, Fruchtknoten mit Haarkrone, Stängel flaumig behaart, ein bis zwei Paar gegenständige Stängelblätter, Grundblätter verkehrt-eiförmig, in Rosetten, derb, behaart, aromatisch duftend, Höhe 20-60 cm. **Blütezeit:** VI-VIII. **Standort:** Wiesen, Wälder, Matten, Torfböden, häufig, 200-2900 m. **Inhaltstoffe:** ätherische Öle, Bitterstoffe Flavonoide, Gerbstoffe. **Anwendung:** Wunden, Durchblutung der Herzkranzgefäße. Äußerste Vorsicht bei der Anwendung! **Besonderheit: gefährdet, geschützt, giftig!**

Gesehen am: **Ort:**

Löwenzahn

Taraxacum officinalis   Korbblütler

Merkmale: ausdauernde Rosettenpflanze, gelbe Zungen-blüten zu einzelnen Köpfen, Fruchtknoten mit Haarkrone, Stängel glatt, hohl, weißer Milchsaft, grundständige Blätter, unterschiedlich gesägt, Höhe 10-60cm. **Blütezeit:** IV-VI. **Standort:** Wiesen, Acker, stickstoffliebend. **Inhaltstoffe:** Bit-terstoffe, Gerbstoffe, Cholin, Inulin, Vitamin C, Spuren-elemente. **Anwendung:** Galle- und Leberleiden, blutreini-gend, beeinflusst Gallensteinbildung, harntreibend. **Zube-reitung:** Absud, Aufguss, Badezusatz.

Gesehen am: **Ort:**

Erdrauch (mit Acker-Stiefmütterchen m.)

Fumaria officinalis Erdrauchgewächs

Merkmale: einjährig, blassrosa, Blüten in blattachselständiger Traube, Blüte gespornt, 2lippig, 2 Kelchblätter, Stängel stark verzweigt, Blätter doppelt gefiedert, blaugrün, Höhe 25-30 cm. **Blütezeit:** IV-X. **Standort:** Acker, Gärten, Weingärten. **Inhaltstoffe:** Bitterstoffe, Alkaloide, Flavonoide. **Anwendung:** Blutreinigungsmittel, steigert die Gallensekretion. **Zubereitung:** Aufguss.

Gesehen am: **Ort:**

39

Brombeere

Rubus fruticosus   Rosengewächs

Merkmale: sommergrüner Strauch, Stängel und Blätter bestachelt, Blätter langgestielt, wechselständig, gefiedert, 3-5zählig, Fiedern grob gesägt, Unterseite weiß-filzig, Blüten rosa bis weiß, in Rispen, 5 Kronblätter, Höhe bis 230 cm. **Blütezeit:** V-VIII. **Fruchtreife:** VIII-X. **Standort:** Wälder, Kahlschläge, Lichtungen, Gebüsche. **Inhaltstoffe:** Gerbstoffe, Bitterstoffe, Flavone, Vitamin C, organische Säuren. **Anwendung:** Magen-Darmbeschwerden, Hausteemischungen. **Zubereitung:** Tee, Marmelade, Saft.

Gesehen am: **Ort:**

Heckenrose

Rosa canina   Rosengewächs

Merkmale: sommergrüner Strauch, Spreizklimmer, hakige Stacheln, rosa bis weiß, 5-7zählige Blätter, unpaarig gefiedert, gesägt, wechselständig, Kelchblätter nach hinten gebogen, Früchte fleischig, rot, eiförmig, Höhe bis 3 m. **Blütezeit:** V-VI. **Fruchtreife:** IX-X. **Standort:** Wald- und Wegränder, Gebüsch, Kahlschläge. **Inhaltstoffe:** Gerbstoffe, Flavone, Vitamin C, Fruchtsäuren, Mineralstoffe, Vanillin. **Anwendung:** Vorbeugen von Erkältungskrankheiten, Rosenöl, Kosmetika. **Zubereitung:** Tee, Marmeladen, Öl.

Gesehen am: **Ort:**

Dorniger Hauhechel

Ononis spinosa   Schmetterlingsblütler

Merkmale: ausdauernd, rote Einzelblüten am Ende der Stängel in den Achseln der Blätter, obere Blätter ungeteilt, untere geteilt, in den Achseln 2 Dornen, Höhe 40-50 cm. **Blütezeit:** VII-X. **Standort:** Ödland, Bahndämme, Wegränder. **Inhaltsstoffe:** ätherisches Öl, Gerbstoffe, Saponine, Flavonglykoside. **Anwendung:** harntreibend, entwässernd. Zubereitung beachten! Nur geprüfte Drogen aus den Apotheken verwenden!

Gesehen am: **Ort:**

Blutweiderich

Lythrum salicaria   Weiderichgewächs

Merkmale: ausdauernd, rot-rotviolett, Blüten in Quirlen zu langer Ähre, Stängel 4kantig, Blätter lanzettlich, spitz, am Grund gerundet, gekreuzt gegenständig, Höhe 60-160 cm. **Blütezeit:** VII-IX. **Standort:** feuchte, nasse Böden, heller Ort, Ufer, Gräben, bis 1500 m. **Inhaltstoffe:** reichlich Gerbstoffe, ätherisches Öl, Pektin, Vitexin. **Anwendung:** Durchfall, Blutspeien, Gerben von Leder. **Zubereitung:** Absud.

Gesehen am: **Ort:**

Wiesenknöterich

Polygonum bistorta   Knöterichgewächs

Merkmale: ausdauernde Pflanze, rosa bis rot, Krone 5zipf-lig, ähriger Blütenstand, Staubblätter mit langen Staub-fäden, Blätter Stängel umfassend (lange Nebenblattschei-de), Blätter länglich eiförmig, dicke, schlangenförmig ge-krümmte Wurzel, Höhe 30-90 cm. **Blütezeit:** V-VIII. **Stand-ort:** feuchte Wiesen, Almmatten, Nässeanzeiger. **Inhalt-stoffe:** Gerbstoffe, Oxalsäure, Vitamin C, Kohlehydrate. **An-wendung:** Durchfall, Zahnfleischentzündung, wundheilend. **Zubereitung:** Absud, Gurgelwasser.

Gesehen am: **Ort:**

Malve

Malva sylvestris   Malvengewächs

Merkmale: ausdauernd, rosa bis violett, 5 Kelchblätter, 5 Kronblätter, Blüten in den Blattachseln, tief gebuchtete Kronblätter mit dunkler Aderung, viele Staubblätter, Blätter wechselständig, langgestielt, gelappt, Rand gesägt, Blattstängel behaart, verzweigter, stark behaarter Stängel, Höhe 30-100 cm. **Blütezeit:** VII-X. **Standort:** trockene Böden, Hecken, Schutt, Wegränder. **Inhaltstoffe:** Gerbstoff, Schleimstoffe, Vitamin A, B1, B2, C, ätherisches Öl. **Anwendung:** Bronchitis, entzündungshemmend, Magen anregend. **Zubereitung:** Tee, Breiumschlag, Absud.

Gesehen am: **Ort:**

Baldrian

Valeriana officinalis Baldriangewächs; ⚠

Merkmale: ausdauernd, 5 rosa, verwachsene Kronblätter, Doldenrispe, Stängelblätter quirlig, ganzrandig, untere Blätter gegenständig, unpaarig gefiedert, Höhe 30-120 cm. **Blütezeit:** VI-IX. **Standort:** feuchte, nährstoffreiche Böden. **Inhaltstoffe:** ätherische Öle, Valeronsäuren, Valepotriate, Alkaloide. **Anwendung:** beruhigend, entkrampfend, Augenleiden, schlaffördernd. **Zubereitung:** Auszug, Aufguss, Tinktur, Tee, Tabletten. **Besonderheit:** geschützt!

Gesehen am: **Ort:**

Roter Fingerhut

Digitalis purpurea   Baldriangewächs; †

Merkmale: zweijährig, dunkelrot mit umrandeten Flecken, Röhre mit 2 Lappen, bauchig, Oberlippe 2lappig, Unterlippe 3lappig, einseitswendige Blütentraube, Blätter eiförmig, gestielt, behaart, in Rosette, gezähnt, Höhe bis 150 cm. **Blütezeit:** VI-VIII. **Standort:** lichte Wälder, Schläge, Wegränder. **Inhaltstoffe:** Glykoside, Saponine. **Anwendung:** herzstärkend. **Besonderheit: stark giftig!** Darf nie gesammelt werden. Wird in Fertigpräparaten richtig dosiert angeboten!

Gesehen am: **Ort:**

Wasserdost

Eupatorium cannabinum   Korbblütler

Merkmale: ausdauernd, rosa Röhrenblüten, Köpfchen zu endständiger Scheindolde, Blätter wechsel- und gegenständig, 3teilig, grob gesägt, behaart, Höhe 60-150 cm. **Blütezeit:** VII-IX. **Standort:** Uferbereiche, Auen, Laub- und Mischwälder. **Inhaltstoffe:** ätherisches Öl, Gerbstoff, Harz, Inulin, Eisen. **Anwendung:** appetitanregend, blutreinigend, abführend, gallentreibend, wundheilend. **Zubereitung:** Aufguss, Absud.

Gesehen am: **Ort:**

Echte Klette

Arctium lappa   Korbblütler

Merkmale: zweijährig, rot, nur Röhrenblüten, kugelige Blütenköpfe mit spitzhakigen Hüllblättern, Einzelköpfe zu Trugdolden, Blätter gestielt, wechselständig, ganzrandig, netznervig, rundlich, Unterseite graufilzig, Stängel verzweigt, rötlich überlaufen, Höhe 40-160 cm. **Blütezeit:** VII-X. **Standort:** Wegränder, Schutt, Böschungen. **Inhaltstoffe:** ätherisches Öl, Harz, Schleimstoff, Inulin, Gerbstoff. **Anwendung:** schweißtreibend, blutreinigend, gallefördernd, harntreibend, Kosmetika, Haarkuren. **Zubereitung:** Absud, Breiumschlag.

Gesehen am: **Ort:**

Herbstzeitlose

Colchicum autumnale   Liliengewächs; †

Merkmale: ausdauernde, einkeimblättrige Pflanze, 6 rosa bis rote Kronblätter zu Röhre verwachsen („Stiel"), Einzelblüten mit 6 Staubblättern und 3 Griffeln, zur Blütezeit ohne Blätter, im Frühjahr fleischige, tulpenähnliche Blätter, in der Mitte Fruchtkapseln, Höhe 5-20 cm. **Blütezeit:** VIII-X. **Standort:** feuchte Wiesen, Auwälder. **Inhaltstoffe:** hauptsächlich Colchicin. **Anwendung:** Kopfläuse, Gichtanfälle, Krebstherapeutikum. Darf nicht gesammelt werden, da die Pflanze **tödlich giftig** ist!

Gesehen am: **Ort:**

Blauer Eisenhut

Aconitum napellus　　　　Hahnenfußgewächs; †, ⚠

Merkmale: ausdauernde, aufrechte Staude, Blüte aus blau-violettgefärbten Kelchblättern, helmförmig, ungespornt, Blü-tenblätter zu Honigblättern, Blätter groß, handförmig geteilt, fünf- bis siebenteilig, oben dunkelgrün, unten hellgrün, glän-zend, rübenförmiger Wurzelstock, Höhe 50-180 cm. **Blüte-zeit:** VI-VIII. **Standort:** Hochstaudenfluren, am Rand von Bä-chen, feuchte Standorte, 0-2000 m. **Inhaltstoffe:** Alkaloide, z. B. Aconitin, Napelin. **Anwendung:** in der Homöopathie bei Fieber, Fiebererkältungen, Neuralgien. **Besonderheit: geschützt! gefährdet! stark giftig!** Darf unter keinen Um-ständen gesammelt oder angewendet werden!

Gesehen am:　　　　　　　**Ort:**

Bittere Kreuzblume

Polygala amarella   Kreuzblumengewächs

Merkmale: ausdauernde Rosettenpflanze, blassblau-blau, Blüten in Trauben, klein, Grundblätter verkehrt eiförmig, größer als die Stängelblätter, Höhe 5-15 cm. **Blütezeit:** V-VI. **Standort:** nasse Wiesen, Wegränder. **Inhaltstoffe:** Bitterstoffe, Gerbstoffe, ätherisches Öl, Saponine. **Anwendung:** blutreinigend, Milchfluss. **Zubereitung:** Aufguss.

Gesehen am: **Ort:**

Gemeine Ochsenzunge

Anchusa officinalis   Boretschgewächs

Merkmale: verwachsenblättrige, einjährige Pflanze, leuchtend blau, Blüte 5zipflig, Röhre ohne Knick, viele Blüten zu einseitig eingerolltem Blütenstand, Stängel kantig, Blätter lanzettlich-zungenförmig, behaart, Höhe 30-100 cm. **Blütezeit:** IV-X. **Standort:** warm, kalkarm, Wiesen, Ackerränder. **Inhaltstoffe:** Gerbstoffe, Alkaloide, Schleimstoffe, Cholin, Kaliumnitrat. **Anwendung:** schweißtreibend, harntreibend, blutreinigend, abführend, lindernde Umschläge. **Zubereitung:** Aufgüsse.

Gesehen am: **Ort:**

Lungenkraut

Pulmonaria officinalis   Boretschgewächs

Merkmale: ausdauernd, Blüten zuerst rot, dann blau, glo-ckig, kurzgestielt, Blätter wechselständig, herz-eiförmig, bors-tig-drüsig behaart, mit hellen Flecken, Stängel rauh behaart, Höhe 20-30 cm. **Blütezeit:** III-V. **Standort:** Mischwälder, Ge-büsch, Wegränder. **Inhaltstoffe:** Schleimstoffe, Saponine, Gerbstoffe, Mineralstoffe, Allantoine. **Anwendung:** Bronchi-tis, Kehlkopfentzündung, harntreibend, schweißtreibend. **Zu-bereitung:** Absud, Aufguss, Pulver der Wurzel.

Gesehen am: **Ort:**

Beinwell

Symphytum officinale   Boretschgewächs

Merkmale: ausdauernd, Blüten blaurot, rot, weißgelb, in Doppelwickeln in den Blattachseln der oberen Blätter, Stängel aufrecht, hohl, behaarte Blätter, besonders auf der Unterseite, dicker Wurzelstock, außen schwarz, innen weiß, Höhe bis 1 m. **Blütezeit:** V-VII. **Standort:** feuchte Wiesen, Bachufer, Wegränder. **Inhaltstoffe:** Gerbstoff, ätherische Öle, Allantoin, Schleimstoff. **Anwendung:** Wundheilung, Entzündungen. **Zubereitung:** Aufguss, Breiumschlag.

Gesehen am: **Ort:**

Echte Salbei

Salvia officinalis   Lippenblütler

Merkmale: ausdauernd, Halbstrauch, blauviolett, Blüte in Ober- und Unterlippe gegliedert, Unterlippe 3zipflig, Oberlippe gerade, langer Griffel, hervorstehende Staubblätter, Kelch rötlich geadert, Blätter gegenständig, langgestielt, fein gesägt, dichtbehaart, 4kantiger Stängel, Höhe 25-60 cm. **Blütezeit:** V-VIII. **Standort:** Wiesen, Gärten. **Inhaltstoffe:** Gerbstoffe, Bitterstoffe, ätherisches Öl. **Anwendung:** Entzündungen im Mund, entkrampfend, adstringierend, Gallensekretion fördernd, Gewürz. **Zubereitung:** Wein, Aufguss.

Gesehen am: **Ort:**

Rosmarin

Rosmarinus officinalis   Lippenblütler

Merkmale: immergrüner, holziger Halbstrauch, zartblau bis violett, Scheintrauben am Stängelende, Blätter nadelartig, nach unten eingerollt, Höhe bis 1 m. **Blütezeit:** III-VI. **Standort:** wärmeliebend, trocken. **Inhaltstoffe:** ätherisches Öl, Gerbstoffe, Bitterstoffe. **Anwendung:** Stärkungs- und Anregungsmittel. **Zubereitung:** nur auf ärztliche Anordnung zu verwenden!

Gesehen am: **Ort:**

Wegwarte

Cichorium intybus   Korbblütler

Merkmale: ausdauernd, leuchtend blau, Zungen- und Röhrenblüten, Blütenköpfe einzeln in den Blattachseln, Stängelblätter lanzettlich, Grundblätter gefiedert, Stängel kantig, hohl, sparrig, ganze Pflanze mit weißem Milchsaft, Höhe bis 100 cm. **Blütezeit:** VII-IX. **Standort:** Wegränder, Ackerränder, Böschungen. **Inhaltstoffe:** Bitterstoffe, Gerbstoffe, reichlich Inulin. **Anwendung:** Leber- und Gallenleiden, schweißtreibend, Kaffee-Ersatz. **Zubereitung:** Saft, Absud, Aufguss.

Gesehen am: **Ort:**

Dunkle Akelei

Aquilegia vulgaris Hahnenfußgewächs; ⚠ †

Merkmale: ausdauernde, aufrechte, zwittrige Pflanze, 5 waagrechte Blütenhüllblätter mit langem, einwärtsgebogenem Sporn, 5 kapuzenförmige Honigblätter, violett bis rosa, Staubblätter in Büscheln, Blätter wechselständig, zusammengesetzt, Höhe 30-80 cm. **Blütezeit:** V-VII. **Standort:** Wiesen, Wälder, Gebüschränder. **Inhaltstoffe:** Cyanogene, Enzyme, Fettsubstanzen, Glykoside, Vitamin C, Öl, Schleim. **Anwendung:** adstringierend, antiseptisch, sedativ, abführend, wundreinigend. Innere Anwendung nur auf ärztliche Verordnung! **Besonderheit:** geschützt! giftig!

Gesehen am: **Ort:**

Wohlriechendes Veilchen

Viola odorata   Veilchengewächs

Merkmale: ausdauernde, stark duftende Rosettenpflanze, mit Ausläufern, dunkelviolette, langgespornte Blüte, Blätter ei- bis nierenförmig, gekerbt, Höhe 1-10cm. **Blütezeit:** III-IV. **Standort:** Wegränder, Trockenwälder. **Inhaltstoffe:** Saponine, Bitterstoffe, ätherisches Öl. **Anwendung:** Hustentee, Blüten essbar. **Zubereitung:** Aufguss, Absud.

Gesehen am: **Ort:**

Gundermann

Glechoma hederacea   Lippenblütler

Merkmale: ausdauernd, blassviolett, auch rosa, Unterlippe
mit behaarten, dunklen Punkten, Blüten in Scheinquirlen,
Stängel liegend, nur Blütentriebe aufrecht, 4kantig, in den
Knoten wurzelnd, Höhe 15-20 cm. **Blütezeit:** IV-VIII. **Stand-
ort:** feuchte Wiesen, Hecken, Gebüschränder. **Inhaltstoffe:**
Bitterstoffe, Gerbstoffe, ätherisches Öl, Vitamin C, organi-
sche Säuren. **Anwendung:** Bronchialerkrankungen, harn-
treibend, wundheilend. **Zubereitung:** Aufguss, Breium-
schlag.

Gesehen am: **Ort:**

Thymian

Thymus vulgaris   Lippenblütler

Merkmale: ausdauernd, Halbstrauch, lila Blüten, Unterlippe 3zipflig, Blüten in ährigem Blütenstand, Blätter elliptisch, klein, am Rand eingerollt, 4kantiger Stängel, Höhe 15-40 cm. **Blütezeit:** V-IX. **Standort:** warm, trocken. **Inhaltsstoffe:** ätherisches Öl, Bitterstoffe, Gerbstoffe, Harz. **Anwendung:** Hustenmittel, krampflösend, desinfizierend, Kosmetika, Gewürz. **Zubereitung:** Absud, Aufguss, Badezusatz, Auszug.

Gesehen am: **Ort:**

Minze

Mentha piperita   Lippenblütler

Merkmale: ausdauernd, blasslila, Blüten quirlig in den Blatt-
achseln der oberen Blätter, 4kantiger Stängel, Blätter ge-
stielt, gegenständig, schwach gesägt, oft rot überlaufen, Hö-
he 40-80 cm. **Blütezeit:** VII-IX. **Standort:** Zuchtformen, wer-
den durch Ausläufer vermehrt. **Inhaltstoffe:** ätherisches Öl
mit Mentholanteilen, Gerbstoffe, Flavonoide. **Anwendung:**
Stoffwechselbeschwerden, krampflösend, Frauenleiden, In-
halation bei Bronchitis, Kosmetika, Gewürz. **Zubereitung:**
Aufguss, Tee.

Gesehen am: **Ort:**

Tollkirsche

Atropa belladonna Nachtschattengewächs; †

Merkmale: ausdauernd, mehrere glockige, braunviolette Blüten in den Blattachseln der oberen Blätter, Blüten innen gelbgrün, Blätter gestielt, eiförmig, groß, ganzrandig, scheinbar gegenständig, Stängel verzweigt, Beere glänzend schwarz, Höhe bis 150 cm. **Blütezeit:** VI-VIII. **Standort:** Kahlschläge, Wegränder, Böschungen. **Inhaltstoffe:** Atropin, Hyoscyamin, Scopolamin, Phytosterin, Cholin. **Anwendung:** Augenheilkunde, krampfartige Erkrankungen. Die Pflanze darf nicht gesammelt werden, da geringste Dosen **tödlich giftig** sein können!

Gesehen am: **Ort:**

Bittersüßer Nachtschatten

Solanum dulcamara Nachtschattengewächs; †

Merkmale: ausdauernder, rankender Halbstrauch, Blüte blauviolett, 5 Kronblätter, flach ausgebreitet, Staubbeutel zu Röhre, Griffel ragt heraus, 5 Kelchblätter, rote Beeren, Blätter eiförmig bis lanzettlich, ganzrandig, Höhe bis 2 m. **Blütezeit:** VI-IX. **Standort:** Hecken, Auwälder, Ufer. **Inhaltsstoffe:** Alkaloide, Saponine, Gerbstoffe, Bitterstoffe. **Anwendung:** Lungenleiden, Asthma, Gicht, Hautleiden. **Besonderheit: giftig!** Darf nie gesammelt werden!

Gesehen am: **Ort:**

Isländisch Moos

Cetraria islandica   Flechten

Merkmale: meist bodenbewohnende Flechten, gabelig ver-
zweigt, am Rand gekrümmt und borstig bewimpert, braun-
grün bis olivgrün, Unterseite weißlicher, Höhe bis 10 cm.
Standort: trockene Nadelwälder, Heiden. **Inhaltstoffe:**
Schleimstoffe, Vitamine, Jod, Flechtensäure. **Anwendung:**
Bronchitis, Lungenerkrankungen, Anregung des Magen-
Darm-Traktes. **Zubereitung:** Tee, Hustensirup.

Gesehen am: **Ort:**

Wald-Schachtelhalm

Equisetum arvense   Schachtelhalme

Merkmale: unfruchtbare Sommerwedel (Foto) mit quirligen Verästelungen, grün, fruchtbare Triebe (Sporangien) braun, an der Spitze Sporangienähren, Höhe 8-25 cm. **Standort:** Acker, feuchte Gebiete, Magerwiesen, Raine, Schutt. **Inhaltstoffe:** Gerbstoff, Mineralsalze, Harz, Saponin, organische Säuren, Kalk, Natrium, Kaliumsalz, Eisen, Schwefel, Mangan, Magnesium. **Anwendung:** blutstillend, adstringierend, harntreibend. **Zubereitung:** Aufguss, Absud.

Gesehen am: **Ort:**

Wacholder

Juniperus communis   Zypressengewächs

Merkmale: immergrüner, schlanker Strauch, unscheinbare, zweihäusige Blüten, blaue, zapfige Frucht, die einer Beere ähnelt, Höhe bis 10 m. **Standort:** warm, trocken, saure Böden. **Inhaltstoffe:** ätherisches Öl, Gerbstoffe, Harze. **Anwendung:** harntreibend, blutreinigend, stark entwässernd, Gewürz, Räuchermittel. **Zubereitung:** Absud, Auszug.

Gesehen am: **Ort:**

Hopfen

Humulus lupulus   Hanfgewächs

Merkmale: ausdauernd, rankend, zweihäusige Blüten, grünlich, ♂ Blüten zu Rispen in den Blattachseln, ♀ Blüten in ährigem Blütenstand, unter den Hüllblättern Lupulindrüsen, Blätter 3spaltig gelappt, gesägt, gegenständig, Stängel mit borstigen Kletterhaaren, Höhe bis 6 m. **Blütezeit:** VI-VII. **Standort:** nährstoffreiche, feuchte Böden. **Inhaltstoffe:** Bitterstoffe, Gerbstoffe, Flavonoide, Humulon, Lupulon. **Anwendung:** beruhigender Effekt, Schlaflosigkeit, Bier. **Zubereitung:** größere Mengen giftig!

Gesehen am: **Ort:**

Brennnessel

Urtica dioica   Brennnesselgewächs

Merkmale: ausdauernd, unscheinbare, grünliche Blüten-
stände in den Blattachseln, Blätter gekreuzt gegenständig,
ei- bis herzförmig, grob gezähnt, drüsig behaart, Stängel
4kantig, kriechender Wurzelstock, Höhe 30-100 cm. **Blüte-
zeit:** VI-IX. **Standort:** stickstoffreiche Böden. **Inhaltstoffe:**
Gerbstoffe, Ameisen-, Kiesel- und andere Säuren, Provita-
min A, Vitamin C. **Anwendung:** harntreibend, gallentrei-
bend, Prostata vergrößernd, Kosmetika, Düngemittel. **Zube-
reitung:** Gemüse, Auszug, Tee, Einreibung.

Gesehen am: **Ort:**

Mistel

Viscum album   Mistelgewächs

Merkmale: immergrüner Baumschmarotzer, gelbgrün, ga-
belig verzweigt, ledrige Blätter, längs geadert, gegenstän-
dig, unscheinbare Blüten in den Blattachseln, weiße Beeren,
Höhe bis 100 cm. **Blütezeit:** III-IV. **Fruchtreife:** XI-XII. **Inhalt-
stoffe:** Viscotoxin, Cholin, Saponine, Flavonoide, Harze. **An-
wendung:** Arthrosebehandlung, blutdruckverändernd.

Gesehen am: **Ort:**

71

Birke

Betula pendula   Birkengewächs

Merkmale: sommergrüner Baum, Rinde schwarzweiß, Borke teilweise tief gefurcht, Blätter wechselständig, herzförmig, doppelt gesägt, Blüten eingeschlechtlich, Höhe bis 25 m.
Blütezeit: IV-V. **Standort:** lichte Laubwälder, Moore, Auen, Magerwiesen. **Inhaltstoffe:** Gerbstoffe, ätherische Öle, Flavonoide. **Anwendung:** entwässernd, stoffwechselfördernd, innere Rinde als Vitamin-C-Lieferant, Haarwasser. Als fertige Droge im Handel erhältlich.

Gesehen am: **Ort:**

Eiche

Quercus robur   Buchengewächs

Merkmale: sommergrüner Baum, tiefgefurchte Rinde, Blätter buchtig gelappt, Oberseite glänzend, Unterseite matt, einhäusige Blüten, eiförmige Frucht von Fruchtbecher umhüllt, Höhe bis 40 m. **Blütezeit:** IV-V. **Fruchtreife:** IX-X. **Standort:** Laub- und Mischwälder, Eichenwälder. **Inhaltstoffe:** Gerbstoffe. **Anwendung:** Durchfall, Zahnfleischentzündung, Hämorrhoiden, Analekzeme, Gerben von Leder. Als fertige Droge im Handel erhältlich.

Gesehen am: **Ort:**

Einbeere

Paris quadrifolia   Liliengewächs; †

Merkmale: ausdauernd, 4zählige Blüte, grüne, lanzettliche Blütenblätter, meist 4 Blätter am vorderen Ende des Stängels in Quirlen, netzartig genervt, kahle Pflanze, schwarze, blaubereifte Beere, Höhe 30-40 cm. **Blütezeit:** V-VI. **Standort:** Laubwälder. **Inhaltstoffe:** Saponine, Glykoside, organische Säuren. **Anwendung:** Nervenkrankheiten. Darf wegen der Giftigkeit nicht gesammelt werden!

Gesehen am: **Ort:**

Kalmus

Acorus calamus   Aronstabgewächs

Merkmale: ausdauernd, unscheinbare, grüne Blüten in Kolben, Blätter grasartig, am Grund rötlich überlaufen, leicht gewellt, Wurzelstock kriechend, wohlriechend, Höhe bis 150 cm. **Blütezeit:** VI-VII. **Standort:** nährstoffreiche Böden an Gewässern. **Inhaltstoffe:** Bitterstoffe, ätherisches Öl, Gerbstoffe. **Anwendung:** Magen-Darm-Beschwerden, Bäder bei Erschöpfung und Infektionen, Parfum. **Zubereitung:** Pulver, Tinktur, Aufguss.

Gesehen am: **Ort:**

Großer Wiesenknopf

Sanguisorba officinalis   Rosengewächs

Merkmale: ausdauernd, Blütenköpfe braun bis dunkelrot, 4 Staubgefäße, 1 Griffel, Blätter unpaarig gefiedert, grob gezähnt, Höhe 60-150 cm. **Blütezeit:** VI-VIII. **Standort:** feuchte Wiesen, Flachmoore. **Inhaltstoffe:** Gerbstoff, Saponine, Flavonoide. **Anwendung:** verdauungsfördernd, adstringierend, blutstillend, Nierenerkrankungen. **Zubereitung:** Aufguss, Absud.

Gesehen am: **Ort:**

Spitzwegerich

Plantago lanceolata   Wegerichgewächs

Merkmale: ausdauernd, unscheinbare bräunliche Blüte, 4 Kelchblätter, lange Staubfäden mit gelblichen Staubbeuteln, Stängel gefurcht, Blätter in Rosetten, schmallanzettlich, 5-7 Parallelnerven, Höhe 10-40 cm. **Blütezeit:** IV-X. **Standort:** Weiden, Wiesen, Wegränder. **Inhaltstoffe:** Schleim, Bitterstoffe, Kieselsäure, Aucubin. **Anwendung:** wundheilend, Hustenmittel. **Zubereitung:** Aufguss, Breiumschlag, Auszug.

Gesehen am: **Ort:**

Register

Deutsche Namen:

Register

Wissenschaftliche Namen: